Dr. Oetker

Österreich*backt*

Dr. Oetker

Österreich *backt*

Dr. Oetker Verlag

Vorwort

Begleiten Sie uns auf
dem Weg in die öster-
reichischen Kaffeehäuser.
Was passt besser zu einer
Melange oder einem
kleinen Braunen oder auch
zu einem Einspänner?

Ob Torte, Strudel, Schnitten
oder Schmalzgebackenes,
hier werden Sie fündig.
Schon die Namen wie
Krapferl, Busserl oder
Wäschermädel machen
Appetit auf mehr.

Dobostorte

Zubereitungszeit: 110 Minuten, ohne Abkühlzeit
Backzeit: etwa 8 Minuten je Backblech
Insgesamt: E: 83 g, F: 357 g, Kh: 614 g, kJ: 25393, kcal: 6068, BE: 51,0

Backbleche (je 30 x 40 cm),
Backpapier

Für den Biskuitteig:

5	Eiweiß (Größe M)
50 g	Zucker
7	Eigelb (Größe M)
100 g	Zucker
1 Pck.	Dr. Oetker Vanillin-Zucker
150 g	Weizenmehl
40 g	Speisestärke
½ gestr. TL	Dr. Oetker Backin
75 g	zerlassene, abgekühlte Butter

Für die Füllung:

500 ml (½ l)	Milch
1 Pck.	Dr. Oetker Pudding-Pulver Vanille-Geschmack
40 g	Zucker
1	Eigelb (Größe M)
150 g	Zartbitter-Kuvertüre
200 g	Butter

Für die Karamellglasur:

150 g	Zucker
1 TL	Butter
2–3 Tropfen	Zitronensaft

1. Den Backofen vorheizen. Für den Teig Eiweiß mit Handrührgerät mit Rührbesen steifschlagen. Nach und nach kurz Zucker unterschlagen. Eigelb, Zucker und Vanillin-Zucker in einer Rührschüssel mit Handrührgerät mit Rührbesen schaumig schlagen.

2. Eischnee auf die Eigelbcreme geben. Mehl mit Speisestärke und Backpulver mischen, in 2 Portionen auf mittlerer Stufe vorsichtig unterrühren. Butter unterheben (Butter muss noch flüssig sein).

3. Aus dem Teig 8 Böden backen. Dazu jeweils 1 Stück Backpapier auf ein Backblech (gefettet) legen. Einen Kreis (Ø etwa 26 cm) aufzeichnen und mit ⅛ des Teiges ausstreichen. Die Backbleche nacheinander (bei Heißluft 3 Backbleche zusammen) in den vorgeheizten Backofen schieben.

Ober-/Unterhitze: etwa 200 °C
Heißluft: etwa 180 °C
Backzeit: etwa 8 Minuten je Backblech.

4. Die Biskuitböden mit dem Backpapier von den Backblechen auf Kuchenroste ziehen und erkalten lassen. Biskuitböden vom Backpapier lösen.

5. Für die Füllung aus Milch, Pudding-Pulver, Zucker und Eigelb einen Pudding nach Packungsanleitung zubereiten. Kuvertüre in Stücke hacken und in dem heißen Pudding unter Rühren schmelzen lassen. Die Puddingmasse erkalten lassen, ab und zu umrühren.

6. Butter mit Handrührgerät mit Rührbesen geschmeidig rühren. Die erkaltete Puddingmasse esslöffelweise unterrühren. Dabei darauf achten, dass Butter und Pudding Zimmertemperatur haben, da die Creme sonst gerinnt. Die Buttercreme in 8 Portionen teilen.

7. Einen Tortenboden beiseitelegen. Die restlichen Böden jeweils mit einer Portion der Creme bestreichen und zu einer Torte zusammensetzen. Den Tortenrand eventuell begradigen und mit der restlichen Creme bestreichen. Den beiseitegelegten Boden auf eine Platte legen.

8. Für die Karamellglasur Zucker, Butter und Zitronensaft in einem Topf karamellisieren lassen (erst rühren, wenn der Zucker anfängt, sich zu lösen).

9. Karamellmasse schnell auf den Tortenboden geben und mit einem mit Speiseöl gefetteten Tortenmesser glattstreichen. Den Tortenboden in 12–16 Stücke schneiden, dabei das Messer immer wieder mit Speiseöl fetten. Die Tortenstücke als oberste Schicht auf die Torte legen. Torte etwa 3 Stunden kalt stellen.

Gebackene Topfentorte

Zubereitungszeit: 50 Minuten, ohne Abkühlzeit | **Backzeit:** 75–80 Minuten
Insgesamt: E: 163 g, F: 363 g, Kh: 702 g, kJ: 28636, kcal: 6837, BE: 58,5

1 Springform (Ø 28 cm)

Für den Knetteig:

300 g	Weizenmehl
100 g	Zucker
1 Pck.	Dr. Oetker Vanillin-Zucker
1 Prise	Salz
1	abgeriebene Schale von Bio-Zitrone (unbehandelt, ungewachst)
2	Eigelb (Größe M)
200 g	Butter oder Margarine
1 EL	Weizenmehl

Für die Füllung:

1 Dose	Pfirsichspalten (Tortenpfirsiche, 470 g Abtropfgewicht)
3 EL	Semmelbrösel zum Bestreuen

Für den Belag:

500 g	Schmand (Sauerrahm, 24 % Fett)
500 g	Topfen (Speisequark, 20 % Fett)
100 g	Zucker
1 Pck.	Dr. Oetker Vanillin-Zucker
5	Eigelb (Größe M)
2 Pck.	Dr. Oetker Pudding-Pulver Vanille-Geschmack
1 Prise	Salz
2	abgeriebene Schale und Saft von Bio-Zitronen (unbehandelt, ungewachst)
7	Eiweiß (Größe M)
50 g	Zucker

1. Für den Teig Mehl in eine Rührschüssel geben. Zucker, Vanillin-Zucker, Salz, Zitronenschale, Eigelb und Butter oder Margarine hinzufügen. Die Zutaten mit Handrührgerät mit Rührbesen zunächst kurz auf niedrigster, dann auf höchster Stufe gut durcharbeiten.

2. Anschließend auf einer bemehlten Arbeitsfläche zu einem glatten Teig verkneten. Sollte er kleben, ihn in Frischhaltefolie gewickelt etwa 30 Minuten kalt stellen. Den Backofen vorheizen.

3. Zwei Drittel des Teiges auf dem Boden einer Springform (Boden gefettet) ausrollen. Springformrand darumstellen. Die Form auf dem Rost in den vorgeheizten Backofen schieben und den Boden vorbacken.

Ober-/Unterhitze: etwa 200 °C
Heißluft: etwa 180 °C
Backzeit: 15–20 Minuten.

4. Die Form auf einen Kuchenrost stellen. Den Boden etwas abkühlen lassen. Die Backofentemperatur um etwa 20 °C herunterschalten.

5. Restlichen Teig mit 1 Esslöffel Mehl verkneten, zu einer Rolle formen, auf den vorgebackenen Boden legen und so an die Form drücken, dass ein 4–5 cm hoher Rand entsteht.

6. Für die Füllung Pfirsichspalten in einem Sieb gut abtropfen lassen.

7. Für den Belag Schmand mit Topfen (Quark), Zucker, Vanillin-Zucker, Eigelb, Pudding-Pulver, Salz, Zitronenschale und -saft gut verrühren. Eiweiß steifschlagen. Nach und nach Zucker kurz unterschlagen. Eischnee unter die Topfenmasse heben.

8. Den vorgebackenen Knetteigboden mit Semmelbröseln bestreuen und mit Pfirsichspalten belegen. Die Topfenmasse daraufgeben und glattstreichen. Die Form wieder auf dem Rost in den heißen Backofen schieben und die Torte fertig backen.

Ober-/Unterhitze: etwa 180 °C
Heißluft: etwa 160 °C
Backzeit: etwa 60 Minuten.

9. Die Topfentorte noch etwa 10 Minuten im ausgeschalteten Backofen stehen lassen. Die Form herausnehmen und auf einen Kuchenrost stellen. Die Topfentorte etwa 30 Minuten in der Form abkühlen lassen, dann aus der Form lösen und auf eine Tortenplatte geben. Topfentorte erkalten lassen.

Malakow-Torte

Zubereitungszeit: 60 Minuten, ohne Kühlzeit
Backzeit: etwa 8 Minuten je Backblech
Insgesamt: E: 68 g, F: 202 g, Kh: 287 g, kJ: 14330, kcal: 3424, BE: 24,0

2 Backbleche (je 30 x 40 cm), Backpapier, je 1 Spritzbeutel mit Lochtülle und Sterntülle (Ø je etwa 1 cm), 1 flexibler Tortenring

Für den Biskuitteig:

3	Eiweiß (Größe M)
50 g	Zucker
4	Eigelb (Größe M)
50 g	Puderzucker
70 g	Weizenmehl
30 g	gesiebte Speisestärke

Für die Füllung:

6 Blatt	weiße Gelatine
250 ml (¼ l)	Milch
1	Eigelb (Größe M)
1	Ei (Größe M)
40 g	Zucker
2 Pck.	Dr Oetker Vanillin-Zucker oder
1 Pck.	Dr. Oetker Vanillin-Zucker und
1 Pck.	Dr. Oetker Bourbon-Vanille-Zucker
300 g	Schlagsahne
2 EL	Rum

Zum Beträufeln:

2 EL	Rum

Zum Bestreichen und Verzieren:

200 g	Schlagsahne
1 Pck.	Dr. Oetker Sahnesteif

Nach Belieben:

einige	rote Belegkirschen oder rotes Ribisel-(Johannis-beer-)gelee

1. Den Backofen vorheizen. Für den Teig Eiweiß mit Handrührgerät mit Rührbesen steifschlagen, Zucker kurz unterschlagen. Eigelb und Puderzucker in einer Rührschüssel mit Handrührgerät mit Rührbesen schaumig schlagen, bis eine cremige Masse entstanden ist. Eischnee auf die Eigelbcreme geben. Mehl mit Speisestärke mischen, auf den Eischnee geben und auf mittlerer Stufe vorsichtig unterrühren.

2. Den Teig in einen Spritzbeutel mit Lochtülle geben. Etwa 40 Stangen in der Länge von etwa 10 cm auf Backbleche (gefettet, mit Backpapier belegt) spritzen. Nicht zu dicht nebeneinander spritzen, der Teig läuft etwas breit.

3. Die Backbleche nacheinander (bei Heißluft zusammen) in den vorgeheizten Backofen schieben.

Ober-/Unterhitze: etwa 200 °C
Heißluft: etwa 180 °C
Backzeit: etwa 8 Minuten je Backblech

4. Die Biskuitstangen mit dem Backpapier von den Backblechen auf Kuchenroste ziehen. Biskuitstangen erkalten lassen und vom Backpapier lösen.

5. Für die Füllung Gelatine in kaltem Wasser nach Packungsanleitung einweichen. Milch mit Eigelb, Ei, Zucker und Vanillin-Zucker (Vanille-Zucker) in eine Edelstahlschüssel geben und mit Handrührgerät mit Rührbesen auf niedrigster Stufe im heißen Wasserbad so lange schlagen, bis die Masse durch und durch schaumig ist. Gelatine leicht ausdrücken und unter Rühren in der Milchmasse auflösen. Die Milchmasse unter Rühren erkalten lassen und kalt stellen.

6. Sahne steifschlagen. Wenn die Milchmasse anfängt, dicklich zu werden, Sahne und Rum unterheben.

7. Einen Tortenring (Ø etwa 24 cm) auf eine Tortenplatte setzen. Den Boden dicht mit den Biskuitstangen auslegen. Mit der Hälfte des Rums beträufeln und ein Drittel der Milchcreme darauf verteilen. 8 oder 9 Biskuitstangen darauflegen, die Hälfte der restlichen Milchcreme daraufgeben und glattstreichen.

8. Wieder 8 oder 9 Biskuitstangen darauflegen und mit dem restlichen Rum beträufeln. Restliche Milchcreme darauf verteilen.

9. Die Torte etwa 2 Stunden kalt stellen. Den Tortenrand mit einem Messer lösen, den Tortenring entfernen.

(Fortsetzung auf Seite 13)

Fortsetzung von Seite 11:

10. Zum Bestreichen und Verzieren Sahne mit Sahnesteif steifschlagen. Tortenoberfläche und -rand mit knapp der Hälfte der Sahne bestreichen. Restliche Sahne in einen Spritzbeutel mit Sterntülle füllen.

11. Die restlichen Biskuitstangen zerbröseln, eventuell durch ein Sieb streichen. Den Tortenrand mit den Biskuitbröseln bestreuen. Die Torte mit der Sahne aus dem Spritzbeutel verzieren. Torte etwa ½ Stunde kalt stellen.

12. Die Torte nach Belieben mit Belegkirschen oder Ribiselgelee garnieren.

Linzer Torte

Zubereitungszeit: 35 Minuten ohne Abkühlzeit **| Backzeit:** etwa 60 Minuten
Insgesamt: E: 94 g, F: 329 g, Kh: 544 g, kJ: 23307, kcal: 5566, BE: 45,5

1 Springform (Ø 28 cm)

Zum Vorbereiten:

2 Gläser	Sauerkirschen (je 370 g Abtropfgewicht)

Für den Rührteig:

250 g	Butter oder Margarine
200 g	Zucker
1 Pck.	Dr. Oetker Vanillin-Zucker
1 Prise	Salz
1 gestr. TL	gemahlener Zimt
1 Msp.	gemahlene Nelken
5	Eier (Größe M)
250 g	Weizenmehl
1 gestr. TL	Dr. Oetker Backin
150 g	nicht abgezogene, gemahlene Mandeln

Zum Bestäuben:

	Puderzucker

1. Zum Vorbereiten Sauerkirschen in einem Sieb abtropfen lassen. Den Backofen vorheizen.

2. Für den Teig Butter oder Margarine mit Handrührgerät mit Rührbesen auf höchster Stufe geschmeidig rühren. Nach und nach Zucker, Vanillin-Zucker, Salz, Zimt und Nelken unterrühren. So lange rühren, bis eine gebundene Masse entstanden ist. Eier nach und nach unterrühren (jedes Ei etwa ½ Minute).

3. Mehl mit Backpulver mischen und in 2 Portionen mit den Mandeln auf mittlerer Stufe unterrühren.

4. Zwei Drittel des Teiges in eine Springform (gut gefettet) geben und glattstreichen.

5. Sauerkirschen auf dem Teig verteilen und leicht andrücken. Restlichen Teig mit 2 Teelöffeln in Häufchen daraufgeben. Die Form auf dem Rost in den vorgeheizten Backofen schieben.

Ober-/Unterhitze: 180–200 °C
Heißluft: 160–180 °C
Backzeit: etwa 60 Minuten.

6. Die Torte etwa 10 Minuten in der Form stehen lassen, dann aus der Form lösen und auf einem mit Backpapier belegten Kuchenrost erkalten lassen.

7. Die Torte mit Puderzucker bestäubt servieren.

Pischinger Torte

Zubereitungszeit: 45 Minuten, ohne Kühlzeit
Insgesamt: E: 85 g, F: 440 g, Kh: 424 g, kJ: 25115, kcal: 5992, BE: 35,5

1 Backblech (30 x 40 cm), Backpapier

Für den Krokant:

1 Msp.	Butter
60 g	Zucker
125 g	abgezogene, gehackte Mandeln

Für die Buttercreme:

3	Eier (Größe M)
50 g	gesiebter Puderzucker
200 g	Zartbitter-Schokolade
250 g	weiche Butter

Für den Guss:

150 g	Zartbitter-Schokolade
etwas	Kokosfett

Außerdem:

8	Karlsbader Oblaten (Ø 16–18 cm)

1. Für den Krokant Butter und Zucker in einer Pfanne unter Rühren erhitzen, bis der Zucker gelöst und leicht gebräunt ist. Mandeln hinzufügen, unter Rühren erhitzen, bis der Krokant genügend gebräunt ist.

2. Die Krokantmasse auf ein Backblech (mit Backpapier belegt) geben und erkalten lassen. Die Krokantmasse mit einer Teigrolle zerdrücken.

3. Für die Buttercreme Eier und Puderzucker in eine Edelstahlschüssel oder feuerfeste Schüssel geben und im heißen Wasserbad bei mittlerer Hitze mit Handrührgerät mit Rührbesen so lange schaumig rühren, bis eine dickliche Masse entstanden ist. Dann die Schüssel aus dem Wasserbad nehmen.

4. Schokolade in kleine Stücke brechen, in einem kleinen Topf im heißen Wasserbad bei schwacher Hitze unter Rühren schmelzen.

5. Schokolade unter die Eiermasse rühren und erkalten lassen. Butter mit Handrührgerät mit Rührbesen auf höchster Stufe geschmeidig rühren. Nach und nach die Ei-Schokoladen Masse unterrühren. (2 Esslöffel der Buttercreme abnehmen und beiseitestellen). Krokant vorsichtig unter die Buttercreme rühren.

6. Die Buttercreme auf 8 Oblaten streichen und zu einer Torte zusammensetzen. Den Tortenrand mit der beiseitegestellten Schokoladencreme bestreichen.

7. Die Torte kalt stellen und die Buttercreme fest werden lassen.

8. Für den Guss Schokolade in kleine Stücke brechen, mit Kokosfett in einem kleinen Topf im heißen Wasserbad bei schwacher Hitze unter Rühren schmelzen. Tortenoberfläche und -rand mit dem Guss überziehen. Guss fest werden lassen. Die Torte gut gekühlt servieren.

Prinz-Eugen-Torte

Zubereitungszeit: 70 Minuten, ohne Abkühlzeit **| Backzeit:** etwa 35 Minuten
Trockenzeit: 15–20 Minuten
Insgesamt: E: 104 g, F: 360 g, Kh: 429 g, kJ: 22909, kcal: 5473, BE: 35,5

1 Springform (Ø 26 cm),
1 Backblech (30 x 40 cm), Backpapier

Zum Vorbereiten:

150 g	Edelbitter-Schokolade (mind. 50 % Kakao-gehalt)

Für den Rührteig:

100 g	Butter oder Margarine
150 g	Zucker
1 Pck.	Dr. Oetker Vanillin-Zucker
1 Prise	Salz
6	Eier (Größe M)
150 g	abgezogene, gemahlene Mandeln
75 g	Weizenmehl
1 EL	Rum oder Weinbrand

Für die Füllung:

250 g	schwarze Ribiseln (Johannisbeeren)
70 g	Zucker
1 geh. TL	Speisestärke
1 EL	Wasser
250 g	Schlagsahne
1 Pck.	Dr. Oetker Sahnesteif
1 Pck.	Dr. Oetker Vanillin-Zucker
50 g	Zartbitter-Raspelschokolade

Zum Bestäuben:

etwas	Puderzucker

1. Zum Vorbereiten Schokolade in Stücke brechen, in einem kleinen Topf im heißen Wasserbad bei schwacher Hitze unter Rühren schmelzen, etwas abkühlen lassen. Den Backofen vorheizen.

2. Für den Teig Butter oder Margarine in einer Rührschüssel mit Handrührgerät mit Rührbesen auf höchster Stufe geschmeidig rühren. Nach und nach Zucker, Vanillin-Zucker und Salz unterrühren. So lange rühren, bis eine gebundene Masse entstanden ist. Eier nach und nach unterrühren (jedes Ei etwa ½ Minute).

3. Schokolade mit Mandeln, Mehl, Rum oder Weinbrand unter die Eiermasse rühren. Den Teig in eine Springform (Boden gefettet) geben und glattstreichen. Die Form auf dem Rost in den vorgeheizten Backofen schieben.

Ober-/Unterhitze: etwa 180 °C
Heißluft: etwa 160 °C
Backzeit: etwa 35 Minuten.

4. Den Gebäckboden aus der Form lösen und auf einem Kuchenrost erkalten lassen. Die Backofentemperatur auf etwa 120 °C herunterschalten.

5. Den Gebäckboden mit einem Löffel etwa 1 cm tief aushöhlen, dabei einen etwa 3 cm breiten Rand stehen lassen, eventuell vorher den Rand mit einem Messer einschneiden. Die Gebäckstücke klein schneiden und auf ein Backblech (mit Backpapier belegt) legen. Das Backblech in den heißen Backofen schieben und die Gebäckstücke trocknen lassen.

Ober-/Unterhitze: etwa 120 °C
Heißluft: etwa 100 °C
Trockenzeit: 15–20 Minuten.

6. Gebäckteile vom Backblech nehmen, zerbröseln und erkalten lassen.

7. Für die Füllung Ribiseln waschen, gut abtropfen lassen und entstielen. Ribiseln mit Zucker in einem kleinen Topf kurz aufkochen lassen, so dass die Beeren etwas weich werden. Topf von der Kochstelle nehmen. Speisestärke mit Wasser anrühren, zu den Ribiseln geben und unter Rühren einmal aufkochen lassen. Ribiseln erkalten lassen.

8. Die Ribiseln in dem ausgehöhlten Gebäckboden verteilen. Sahne mit Sahnesteif und Vanillin-Zucker sehr steifschlagen. Schokolade unterheben. Die Schokoladensahne auf die Ribiseln geben und glattstreichen. Die Gebäckbrösel darauf verteilen und mit Puderzucker bestäuben. Die Torte etwa 30 Minuten kalt stellen.

Punschtorte

Zubereitungszeit: 50 Minuten, ohne Abkühlzeit | **Backzeit:** 20–30 Minuten
Insgesamt: E: 67 g, F: 112 g, Kh: 825 g, kJ: 20558, kcal: 4912, BE: 69,0

1 Springform (Ø 26 cm), Backpapier

Für den Biskuitteig:

4	Eier (Größe M)
3–4 EL	heißes Wasser
150 g	Zucker
1 Pck.	Dr. Oetker Vanillin-Zucker
100 g	Weizenmehl
100 g	Speisestärke
3 gestr. TL	Dr. Oetker Backin

Für die Füllung:

	abgeriebene Schale von
1	Bio-Orange (unbehandelt, ungewachst)
8 EL	Orangensaft
2–3 EL	Zitronensaft
200 ml	Rotwein
6 EL	Rum
50 g	Zartbitter-Schokolade

Zum Bestreichen:

200 g	rotes Ribisel-(Johannisbeer-)gelee

Für den Belag:

200 g	Marzipan-Rohmasse
100 g	gesiebter Puderzucker

Für den Guss:

100 g	Puderzucker
etwa 2 EL	Hagebuttentee

Zum Garnieren:

50 g	Puderzucker
etwas	heißes Wasser
etwas	rote Speisefarbe halbierte, kandierte Kirschen

1. Den Backofen vorheizen. Für den Teig Eier und Wasser mit Handrührgerät mit Rührbesen auf höchster Stufe in etwa 1 Minute schaumig schlagen. Zucker und Vanillin-Zucker mischen, in 1 Minute einstreuen, dann noch etwa 2 Minuten schlagen.

2. Mehl mit Speisestärke und Backpulver mischen, die Hälfte davon auf die Eicreme geben und kurz auf niedrigster Stufe unterrühren. Restliches Mehlgemisch auf die gleiche Weise unterarbeiten. Den Teig in eine Springform (gefettet, mit Backpapier belegt) geben und glattstreichen. Die Form auf dem Rost in den vorgeheizten Backofen schieben.

Ober-/Unterhitze: etwa 180 °C
Heißluft: etwa 160 °C
Backzeit: 20–30 Minuten.

3. Den Biskuitboden aus der Form lösen und auf einen mit Backpapier belegten Kuchenrost stürzen. Bikuitboden erkalten lassen. Mitgebackenes Backpapier abziehen. Biskuitboden einmal waagerecht durchschneiden.

4. Für die Füllung einen der Biskuitböden zerkrümeln. Orangenschale und -saft mit Zitronensaft, Rotwein und Rum erhitzen, die Zartbitter-Schokolade darin auflösen und die heiße Masse sofort unter die Biskuitkrümel rühren.

5. Von dem zweiten Biskuitboden eine gut 1 cm dicke Platte abschneiden. Das Ribiselgelee glatt verrühren und den unteren Boden mit etwas davon bestreichen. Die Füllung darauf verteilen, mit etwas von dem Ribiselgelee bestreichen und die Gebäckplatte darauflegen. Gut andrücken und die Torte außen mit dem restlichen Ribiselgelee bestreichen.

6. Für den Belag das Marzipan mit dem Puderzucker verkneten und auf einer mit Puderzucker bestäubten Arbeitsfläche zu einer runden Platte (Ø etwa 26 cm, in Größe der oberen Gebäckplatte) ausrollen. Marzipanplatte auf die Tortenoberfläche legen und etwas andrücken.

7. Für den Guss Puderzucker mit so viel Tee verrühren, dass ein dickflüssiger Guss entsteht. Den Guss auf die Marzipanplatte geben und glattstreichen.

8. Zum Garnieren Puderzucker, etwas heißes Wasser und Speisefarbe verrühren, den Guss in einen kleinen Gefrierbeutel füllen und eine kleine Ecke abschneiden. Die Torte mit den kandierten Kirschen und dem Guss verzieren.

Wiener Apfelstrudel

Zubereitungszeit: 50 Minuten, ohne Ruhezeit | **Backzeit:** etwa 50 Minuten
Insgesamt: E: 40 g, F: 132 g, Kh: 451 g, kJ: 13357, kcal: 3195, BE: 37,5

1 Backblech (30 x 40 cm), Backpapier

Für den Strudelteig:

200 g	Weizenmehl
1 Prise	Salz
75 ml	lauwarmes Wasser
50 g	zerlassene Butter oder Margarine oder
3 EL	Speiseöl

Für die Füllung:

1–1 1/2 kg	Äpfel, z. B. Cox Orange, Elstar
1/2 Fläschchen	Rum-Aroma
75 g	Butter oder Margarine
50 g	Semmelbrösel
50 g	Rosinen
100 g	Zucker
1 Pck.	Dr. Oetker Vanillin-Zucker
50 g	abgezogene, gemahlene Mandeln

Zum Bestäuben:

Puderzucker

1. Für den Teig Mehl in eine Rührschüssel geben. Salz, Wasser und Butter oder Margarine oder Speiseöl hinzufügen. Die Zutaten mit Handrührgerät mit Knethaken zunächst kurz auf niedrigster, dann auf höchster Stufe zu einem glatten Teig verarbeiten. In einem kleinen Topf Wasser kochen, den Topf ausgießen und abtrocknen. Den Teig auf Backpapier in den heißen Topf legen. Topf mit einem Deckel verschließen. Den Teig etwa 30 Minuten ruhen lassen. Den Backofen vorheizen.

2. Für die Füllung Äpfel waschen, schälen, vierteln, entkernen, in kleine Würfel schneiden oder grob raspeln. Rum-Aroma untermischen. Butter oder Margarine zerlassen. Den Teig halbieren und jeweils auf einem bemehlten Geschirrtuch ausrollen, dünn mit etwas von der Butter oder Margarine bestreichen, ihn dann mit den Händen zu je einem Rechteck (etwa 25 x 35 cm) ausziehen. Die Ränder, wenn sie dicker sind, abschneiden. Zwei Drittel der restlichen Butter oder Margarine auf die Teigstücke streichen und mit Semmelbröseln bestreuen, dabei an den Rändern etwa 3 cm frei lassen.

3. Apfelwürfel oder -raspel, Rosinen, Zucker, Vanillin-Zucker und Mandeln mischen, halbieren und auf den Teigstücken verteilen. Die frei gelassenen Teigränder der kürzeren Seiten auf die Füllung klappen. Die Teige jeweils mit Hilfe des Tuches von der längeren Seite her aufrollen und an den Enden gut zusammendrücken. Die Strudel nebeneinander auf ein Backblech (gefettet, mit Backpapier belegt) legen, wieder mit etwas von der restlichen Butter oder Margarine bestreichen. Das Backblech in den vorgeheizten Backofen schieben.

Ober-/Unterhitze: etwa 180 °C
Heißluft: etwa 160 °C
Backzeit: etwa 50 Minuten.

4. Nach etwa 30 Minuten Backzeit die Strudel mit der restlichen Butter oder Margarine bestreichen.

5. Das Backblech auf einen Kuchenrost stellen. Die Strudel auf dem Backblech erkalten lassen oder warm servieren. Vor dem Servieren mit Puderzucker bestäuben.

Tipp: Dazu schmeckt Vanillesauce, die Sie mit etwas Zimt abschmecken können.

Biskuitrolle mit Kastaniencreme

Zubereitungszeit: 50 Minuten, ohne Abkühlzeit | **Backzeit:** 10–15 Minuten
Insgesamt: E: 82 g, F: 220 g, Kh: 633 g, kJ: 20893, kcal: 4993, BE: 53,0

1 Backblech (30 x 40 cm), Backpapier,
1 Spritzbeutel mit Sterntülle
(Ø etwa 1 cm)

Für den Biskuitteig:

4	Eier (Größe M)
1	Eigelb (Größe M)
3 EL	heißes Wasser
125 g	Zucker
1 Pck.	Dr. Oetker Vanillin-Zucker
100 g	Weizenmehl
25 g	Speisestärke
½ TL	Dr. Oetker Backin

Für die Füllung:

6 Blatt	weiße Gelatine
1 Dose	geschälte Kastanien (220 g Abtropfgewicht)
1 Dose	Kastanienpüree (425 g Einwaage)
3 EL	Cognac
125 g	Schlagsahne
100 g	Zucker
1 Pck.	Dr. Oetker Bourbon-Vanille-Zucker
15 g	gesiebtes Kakaopulver
375 g	Schlagsahne
50 g	Vollmilch-Kuvertüre

1. Den Backofen vorheizen. Für den Teig Eier, Eigelb und Wasser mit Handrührgerät mit Rührbesen auf höchster Stufe in 1 Minute schaumig schlagen. Zucker mit Vanillin-Zucker mischen, in etwa 1 Minute einstreuen, dann noch etwa 2 Minuten schlagen.

2. Mehl mit Speisestärke und Backpulver mischen, die Hälfte davon auf die Eiercreme geben und kurz auf niedrigster Stufe unterrühren. Restliches Mehlgemisch auf die gleiche Weise unterarbeiten.

3. Den Teig auf ein Backblech (gefettet, mit Backpapier belegt) geben und glattstreichen. An der offenen Seite des Backbleches das Backpapier unmittelbar vor dem Teig zur Falte knicken, so dass ein Rand entsteht. Das Backblech in den vorgeheizten Backofen schieben.

Ober-/Unterhitze: 200–220 °C
Heißluft: 180–200 °C
Backzeit: 10–15 Minuten.

4. Die Biskuitplatte sofort nach dem Backen auf mit Zucker bestreutes Backpapier stürzen und mit dem Backpapier erkalten lassen.

5. Für die Füllung Gelatine in kaltem Wasser nach Packungsanleitung einweichen. Kastanien abgießen und in einem Sieb gut abtropfen lassen. 12 schöne Kastanien beiseitelegen. Restliche Kastanien pürieren. Beide Kastanienpürees in eine Rührschüssel geben. Cognac und Sahne hinzufügen. Zucker, Vanille-Zucker und Kakao unterrühren.

6. Eingeweichte Gelatine ausdrücken, in einem kleinen Topf bei schwacher Hitze unter Rühren erwärmen (nicht kochen), bis sie völlig gelöst ist, und leicht abkühlen lassen. 2 Esslöffel von dem Kastanienpüree unter die Gelatine rühren, dann mit dem restlichen Kastanienpüree verrühren. Sahne steifschlagen. Sobald das Kastanienpüree anfängt, dicklich zu werden, Sahne unterheben.

7. Kuvertüre in Stücke schneiden, in einem kleinen Topf im heißen Wasserbad bei schwacher Hitze unter Rühren schmelzen. Die beiseitegelegten Kastanien damit überziehen, Guss fest werden lassen.

8. Das Backpapier von der Biskuitplatte abziehen. Zwei Drittel der Kastaniencreme auf dem Biskuit verteilen. Die Biskuitplatte von der längeren Seite her aufrollen. 3 Esslöffel der Creme in einen Spritzbeutel mit Sterntülle füllen.

9. Die Biskuitrolle mit der restlichen Kastaniencreme bestreichen. Mit der Creme aus dem Spritzbeutel der Länge nach 12 Rosetten auf die Rolle spritzen und mit den überzogenen Kastanien belegen.

Strudel mit Birnen
und Preiselbeeren

Zubereitungszeit: 65 Minuten, ohne Ruhe- und Abkühlzeit
Backzeit: 45–55 Minuten
Insgesamt: E: 40 g, F: 145 g, Kh: 337 g, kJ: 11729, kcal: 2801, BE: 28,0

1 Backblech (30 x 40 cm), Backpapier

Für den Strudelteig:

200 g	Weizenmehl
1 Prise	Salz
75 ml	lauwarmes Wasser
50 ml	Speiseöl

Für die Füllung:

1 kg	Birnen
200 g	verlesene, frische Preiselbeeren
4 Fl	gehackte Walnusskerne
2 EL	abgezogene, gestiftelte Mandeln
50 g	Zucker
1 EL	gemahlener Zimt

Zum Bestreichen:

50 g	zerlassene Butter

Zum Bestäuben:

	Puderzucker

1. Für den Teig Mehl in eine Rührschüssel geben. Salz, Wasser und Speiseöl hinzufügen. Die Zutaten mit Handrührgerät mit Knethaken zunächst kurz auf niedrigster, dann auf höchster Stufe zu einem glatten Teig verarbeiten.

2. In einem kleinen Topf Wasser kochen, den Topf ausgießen und abtrocknen. Den Teig auf Backpapier in den heißen Topf legen, mit einem Deckel verschließen und etwa 30 Minuten ruhen lassen. Den Backofen vorheizen.

3. Für die Füllung Birnen schälen, vierteln, entkernen und in feine Scheiben schneiden. Birnenscheiben mit Preiselbeeren, Walnusskernen, Mandeln, Zucker und Zimt mischen.

4. Den Strudelteig auf einem großen, bemehlten Geschirrtuch dünn ausrollen, dünn mit etwas von der Butter bestreichen, ihn dann mit den Händen zu einem Rechteck (etwa 50 x 70 cm) ausziehen. Die Ränder, wenn sie dicker sind, abschneiden. Den Teig mit zwei Drittel der Butter bestreichen.

5. Auf zwei Drittel des Teiges die Birnen-Preiselbeer-Masse streichen (an den kürzeren Seiten einen Rand von etwa 3 cm frei lassen). Den Teig mit Hilfe des Tuches, mit der Füllung beginnend, aufrollen. An den Enden gut zusammendrücken.

6. Den Strudel auf ein Backblech (gefettet, mit Backpapier belegt) legen und mit etwas von der Butter bestreichen. Das Backblech in den vorgeheizten Backofen schieben.

Ober-/Unterhitze: 180–200 °C
Heißluft: 160–180 °C
Backzeit: 45–55 Minuten.

7. Den Strudel während des Backens mit der restlichen Butter bestreichen.

8. Den Strudel mit dem Backpapier vom Backblech auf einen Kuchenrost ziehen und erkalten lassen. Den Strudel mit Puderzucker bestäubt servieren.

Tipps: Anstelle des großen zwei kleine Strudel backen.
Statt der frischen Preiselbeeren 1 Glas abgetropfte Preiselbeeren verwenden.

Milchrahmstrudel

Zubereitungszeit: 40 Minuten, ohne Ruhezeit | **Backzeit:** etwa 45 Minuten
Insgesamt: E: 68 g, F: 285 g, Kh: 380 g, kJ: 18400, kcal: 4407, BE: 31,5

1 große, feuerfeste Form (25 x 35 cm)

Für den Strudelteig:

200 g	Weizenmehl
1 Prise	Salz
100 ml	lauwarmes Wasser
3 EL	Speiseöl, z.B. Sonnenblumenöl

Für die Füllung:

100 g	weiche Butter
100 g	Puderzucker
1 Pck.	Dr. Oetker Vanillin-Zucker
4	Eigelb (Größe M) abgeriebene Schale von
1	Bio-Zitrone (unbehandelt, ungewachst)
1 EL	Zitronensaft
250 g	Crème fraîche
4	Eiweiß (Größe M)
1 TL	Zucker
etwa 1 ½	Brötchen (etwa 60 g)
evtl. 50 g	Rosinen

Für den Guss:

125 g	Schlagsahne
125 ml (⅛ l)	Milch
25 g	Zucker
1 Pck.	Dr. Oetker Vanillin-Zucker

Zum Bestreichen:

25 g	zerlassene Butter

1. Für den Teig Mehl in eine Rührschüssel geben. Salz, Wasser und Speiseöl hinzufügen. Die Zutaten mit Handrührgerät mit Knethaken zunächst kurz auf niedrigster, dann auf höchster Stufe zu einem glatten Teig verarbeiten. In einem kleinen Topf Wasser kochen, Wasser ausgießen und den Topf abtrocknen. Den Teig auf Backpapier in den heißen Topf legen. Topf mit einem Deckel verschließen. Den Teig etwa 30 Minuten ruhen lassen. Den Backofen vorheizen.

2. Den Teig halbieren und jeweils auf einem bemehlten Geschirrtuch ausrollen, ihn dann mit den Händen zu 2 Rechtecken (je etwa 35 x 40 cm) ausziehen. Die Ränder, wenn sie dicker sind, abschneiden.

3. Für die Füllung Butter und Puderzucker in einer Rührschüssel mit Handrührgerät mit Rührbesen schaumig rühren. Vanillin-Zucker und Eigelb nach und nach unterrühren. Zitronenschale, -saft und Crème fraîche hinzufügen und glattrühren. Eiweiß mit Handrührgerät mit Rührbesen auf höchster Stufe steifschlagen, Zucker kurz unterschlagen. Der Schnee muss so fest sein, dass ein Messerschnitt sichtbar bleibt. Eischnee unter die Eigelbcreme heben.

4. Brötchen in sehr kleine Würfel schneiden. Jeweils die Hälfte der Creme auf den Strudelteigen glattstreichen, dabei an den Rändern etwa 3 cm frei lassen und mit jeweils der Hälfte der Brötchenwürfel bestreuen. Nach Belieben Rosinen darauf verteilen.

5. Die Strudelteige jeweils mit Hilfe des Tuches von der kürzeren Seite her aufrollen.

6. Für den Guss Sahne, Milch, Zucker und Vanillin-Zucker in einem Topf zum Kochen bringen. Topf von der Kochstelle nehmen. Ein Viertel der Sahnemilch in eine große, feuerfeste Form (gefettet) gießen. Die Strudel nebeneinander hineinlegen und mit zerlassener Butter bestreichen. Die Form auf dem Rost in den vorgeheizten Backofen schieben.

Ober-/Unterhitze: etwa 180 °C
Heißluft: etwa 160 °C
Backzeit: etwa 45 Minuten.

7. Nach etwa 20 Minuten Backzeit die Hälfte der restlichen Sahnemilch auf den Strudeln verteilen. Nach weiteren etwa 15 Minuten die restliche Sahnemilch auf die Strudel geben. Die Strudel fertig backen. Die Milchrahmstrudel in Portionsstücke schneiden.

Tipp: Nach Belieben mit Vanillesauce oder Kompott servieren.

Ribiselschnitten mit Baiser

Zubereitungszeit: 50 Minuten, ohne Kühlzeit | **Backzeit:** 20–25 Minuten
Grillzeit: 5–6 Minuten
Insgesamt: E: 63 g, F: 254 g, Kh: 504 g, kJ: 19430, kcal: 4642, BE: 42,0

2 Backbleche (je 30 x 40 cm), Backpapier, 1 flexibler Backrahmen

Für den Knetteig:

125 g	Weizenmehl
30 g	Zucker
1 Pck.	Dr. Oetker Vanillin-Zucker
100 g	Butter oder Margarine

Für den Biskuitteig:

40 g	Butter
2	Eier (Größe M)
75 g	Zucker
75 g	Weizenmehl
25 g	Speisestärke

Zum Bestreichen:

2 EL	Ribisel-(Johannisbeer-) konfitüre oder -gelee

Für den Belag:

30 g	Speisestärke
25 g	Zucker
2 Pck.	Dr. Oetker Vanillin-Zucker
2	Eigelb (Größe M)
200 ml	Milch
200 g	Schlagsahne
50 g	Butter

Für das Baiser:

300 g	rote Ribiseln (Johannisbeeren)
2	Eiweiß (Größe M)
75 g	Zucker

1. Für den Knetteig Mehl in eine Rührschüssel geben. Zucker, Vanillin-Zucker und Butter oder Margarine hinzufügen. Die Zutaten mit Handrührgerät mit Rührbesen zunächst kurz auf niedrigster, dann auf höchster Stufe gut durcharbeiten.

2. Auf einer bemehlten Arbeitsfläche zu einem Teig verkneten. Den Teig in Frischhaltefolie gewickelt etwa 30 Minuten kalt stellen. Den Backofen vorheizen.

3. Den Teig auf der bemehlten Arbeitsfläche zu einem Rechteck (etwa 20 x 30 cm) ausrollen und auf ein Backblech (mit Backpapier belegt) legen. Den Teig mehrmals mit einer Gabel einstechen. Das Backblech in den vorgeheizten Backofen schieben.

Ober-/Unterhitze: etwa 200 °C
Heißluft: etwa 180 °C
Backzeit: etwa 10 Minuten.

4. Das Backblech auf einen Kuchenrost stellen. Gebäckboden erkalten lassen. Die Backofentemperatur um etwa 20 °C reduzieren.

5. Für den Biskuitteig Butter zerlassen und abkühlen lassen. Eier in einer Rührschüssel mit Handrührgerät mit Rührbesen auf höchster Stufe in etwa 1 Minute schaumig schlagen. Zucker in etwa 1 Minute einstreuen, dann noch etwa 2 Minuten schlagen. Mehl mit Speisestärke mischen und kurz auf niedrigster Stufe unterrühren. Flüssige Butter vorsichtig unterheben.

6. Einen Backrahmen in der Größe von etwa 20 x 30 cm auf ein Backblech (mit Backpapier belegt) setzen. Den Teig in den Backrahmen geben und glattstreichen. Das Backblech in den heißen Backofen schieben.

Ober-/Unterhitze: etwa 180 °C
Heißluft: etwa 160 °C
Backzeit: 10–15 Minuten.

7. Die Biskuitplatte mit einem Messer vom Backrahmen lösen, auf einen mit Backpapier belegten Kuchenrost stürzen und mitgebackenes Backpapier abziehen. Biskuitplatte erkalten lassen.

8. Zum Bestreichen den Knetteigboden auf eine Tortenplatte legen und mit Ribiselkonfitüre oder -gelee bestreichen. Biskuitplatte darauflegen, andrücken.

9. Für den Belag Speisestärke mit Zucker, Vanillin-Zucker, Eigelb und 4 Esslöffeln Milch anrühren. Restliche Milch und Sahne in einem Topf zum Kochen bringen. Topf von der Kochstelle nehmen. Angerührte Speisestärke einrühren und unter

(Fortsetzung auf Seite 31)

Fortsetzung von Seite 29;

Rühren kurz aufkochen lassen. Butter unterrühren. Puddingmasse etwas abkühlen lassen.

10. Die Puddingmasse auf die Biskuitplatte geben und glattstreichen, etwa 1 Stunde kalt stellen. Den Backofengrill vorheizen.

11. Für das Baiser Ribiseln abspülen, gut abtropfen lassen, entstielen, in ein Sieb geben und nochmals gut abtropfen lassen. Eiweiß mit Handrührgerät mit Rührbesen auf höchster Stufe steifschlagen. Der Eischnee muss so fest sein, dass ein Messerschnitt sichtbar bleibt. Nach und nach Zucker kurz unterschlagen, Ribiseln unterheben. Die Ribiseln-Baiser-Masse auf der Puddingmasse verteilen.

12. Das Backblech auf der untersten Schiene in den vorgeheizten Backofen schieben. Das Baiser 5–6 Minuten grillen, bis das Baiser gut gebräunt ist. Ribiselschnitten erkalten lassen.

Tiroler Kranzkuchen

Zubereitungszeit: 40 Minuten, ohne Abkühlzeit | **Backzeit:** etwa 70 Minuten
Insgesamt: E: 112 g, F: 480 g, Kh: 465 g, kJ: 27722, kcal: 6623, BE: 39,0

1 Rohrbodenform (Ø 22 cm), Backpapier

Für den Rührteig:

200 g	Butter oder Margarine
175 g	Zucker
	abgeriebene Schale von
1/2	Bio-Zitrone (unbehandelt, ungewachst)
1 TL	gemahlener Zimt
	Salz
3	Eier (Größe M)
3	Eigelb (Größe M)
125 g	Weizenmehl
1 TL	Dr. Oetker Backin
200 g	gemahlene Haselnusskerne
3	Eiweiß (Größe M)
200 g	Zartbitter-Schokolade

Für den Guss:

100 g	Edelbitter-Schokolade
100 g	Vollmilch-Schokolade
2 TL	Speiseöl, z. B. Sonnenblumenöl

1. Den Backofen vorheizen. Für den Teig Butter oder Margarine in einer Rührschüssel mit Handrührgerät mit Rührbesen geschmeidig rühren. Nach und nach Zucker, Zitronenschale, Zimt und Salz unterrühren. So lange rühren, bis eine gebundene Masse entstanden ist. Eier und Eigelb nach und nach unterrühren (jedes Ei/Eigelb etwa 1/2 Minute).

2. Mehl mit Backpulver und Haselnusskernen mischen, in 2 Portionen auf mittlerer Stufe unterrühren. Eiweiß steifschlagen und vorsichtig unterheben.

3. Schokolade in kleine Stücke brechen und ebenfalls unter den Teig heben. Den Teig in eine Rohrbodenform (gut gefettet) geben und glattstreichen. Die Form auf dem Rost in den vorgeheizten Backofen schieben.

Ober-/Unterhitze: etwa 180 °C
Heißluft: etwa 160 °C
Backzeit: etwa 70 Minuten.

4. Die Form auf einen Kuchenrost stellen. Den Kuchen etwa 10 Minuten in der Form stehen lassen, dann aus der Form lösen und auf einen mit Backpapier belegten Kuchenrost stürzen. Kuchen erkalten lassen.

5. Für den Guss beide Schokoladensorten in Stücke brechen, mit Speiseöl in einem kleinen Topf im heißen Wasserbad bei schwacher Hitze unter Rühren schmelzen. Den Kuchen damit überziehen. Guss fest werden lassen.

Wiener Mohnstrudel

Zubereitungszeit: 35 Minuten, ohne Ruhe- und Abkühlzeit
Backzeit: 35–40 Minuten
Insgesamt: E: 124 g, F: 237 g, Kh: 424 g, kJ: 18165, kcal: 4341, BE: 35,5

1 Backblech (30 x 40 cm), Backpapier

Für den Strudelteig:

250 g	Weizenmehl
1 Prise	Salz
100 ml	lauwarmes Wasser
1	Ei (Größe M)
1 EL	Speiseöl, z.B. Sonnenblumenöl

Für die Füllung:

400 g	gemahlener Mohn
400 ml	kochendes Wasser
75 g	Zucker
3 EL	flüssiger Honig
1	Ei (Größe M)
	abgeriebene Schale von
1	Bio-ZItrone (unbehandelt, ungewachst)
100 g	Rosinen
250 g	säuerliche Äpfel

Zum Bestreichen und Bestäuben:

50 g	zerlassene Butter
	Puderzucker

1. Für den Teig Mehl in eine Rührschüssel sieben. Salz, Wasser, Ei und Speiseöl hinzufügen. Die Zutaten mit Handrührgerät mit Knethaken zunächst kurz auf niedrigster, dann auf höchster Stufe gut durcharbeiten.

2. Anschließend auf einer bemehlten Arbeitsfläche zu einem glatten Teig verkneten. In einem kleinen Topf Wasser kochen, Wasser ausgießen und den Topf abtrocknen. Den Teig auf Backpapier in den heißen Topf legen. Topf mit einem Deckel verschließen. Den Teig etwa 30 Minuten ruhen lassen. Den Backofen vorheizen.

3. Für die Füllung Mohn in eine Rührschüssel geben, mit Wasser übergießen und verrühren, bis eine geschmeidige Masse entstanden ist. Zucker, Honig, Ei, Zitronenschale und Rosinen unterrühren. Äpfel schälen, vierteln, entkernen, grob raspeln und unter die Mohnmasse rühren.

4. Den Strudelteig halbieren und jeweils auf einem großen Geschirrtuch dünn ausrollen, ihn dann mit den Händen zu 2 Rechtecken (je etwa 25 x 30 cm) ausziehen (er muss durchsichtig sein). Die Ränder, wenn sie dicker sind, abschneiden.

5. Jeweils zwei Drittel der Teigrechtecke mit der Mohnmasse bestreichen. An den kürzeren Seiten einen Rand von etwa 3 cm frei lassen. Die kürzeren Seiten auf die Füllung klappen. Die Teigrechtecke mit Hilfe des Tuches, mit der Füllung beginnend, von der langen Seite her aufrollen und an den Enden gut andrücken.

6. Die Strudel vorsichtig nebeneinander auf ein Backblech (gefettet, mit Backpapier belegt) legen und mit etwas Butter bestreichen. Das Backblech in den vorgeheizten Backofen schieben.

Ober-/Unterhitze: 200–220 °C
Heißluft: 180–200 °C
Backzeit: etwa 35–40 Minuten.

7. Die Strudel während des Backens mit der restlichen Butter bestreichen.

8. Die Strudel mit dem Backpapier vom Backblech auf einen Kuchenrost ziehen, erkalten lassen und mit Puderzucker bestäuben.

Apfelküchle

Zubereitungszeit: 35 Minuten, ohne Durchzieh- und Ruhezeit
Ausbackzeit: 2–3 Minuten
Insgesamt: E: 23 g, F: 79 g, Kh: 216 g, kJ: 7113, kcal: 1701, BE: 18,0

etwa 20 Stück

Für die Füllung:

4	mittelgroße Äpfel (etwa 700 g)
2 EL	Zitronensaft
1 TL	Zucker
1 Prise	gemahlener Zimt

Für den Teig:

125 g	Weizenmehl
1 Prise	Salz
25 g	Zucker
2	Eigelb (Größe M)
125 ml (¹⁄₈ l)	helles Bier
1 EL	Speiseöl, z. B. Sonnenblumenöl
2	Eiweiß (Größe M)

Zum Ausbacken:

etwa 1¹⁄₂ l	Speiseöl, z. B. Sonnenblumenöl, oder Ausbackfett

Zum Wälzen:

etwa 75 g	Zucker
1 gestr. TL	gemahlener Zimt

1. Für die Füllung Äpfel schälen und mit einem Apfelausstecher das Kerngehäuse entfernen. Äpfel in etwa 1 cm dicke Scheiben schneiden und nebeneinander auf einen großen Teller legen. Zitronensaft mit Zucker und Zimt verrühren, die Apfelscheiben damit bestreichen und etwa 15 Minuten ziehen lassen.

2. Für den Teig Mehl in eine Rührschüssel geben. Salz, Zucker und Eigelb hinzufügen. Die Zutaten mit Handrührgerät mit Rührbesen verrühren. Nach und nach Bier und Speiseöl unterrühren. Den Teig etwa 15 Minuten ruhen lassen. Eiweiß steifschlagen und vorsichtig unter den Teig heben.

3. Speiseöl oder Ausbackfett in einem hohen Topf auf etwa 180 °C erhitzen.

4. Die Apfelscheiben mit Hilfe einer Gabel durch den Teig ziehen, etwas abtropfen lassen und schwimmend in dem siedenden Speiseöl oder Ausbackfett von jeder Seite 2–3 Minuten goldgelb ausbacken.

5. Apfelküchle mit einem Schaumlöffel herausnehmen und auf einem mit Küchenpapier belegten Kuchenrost abtropfen lassen.

6. Zum Wälzen Zucker und Zimt in einem tiefen Teller mischen. Die heißen Apfelküchle darin wälzen und warm servieren.

Tipps: Apfelküchle mit Vanillesauce oder Eis servieren. Sie können die Apfelküchle auch mit Puderzucker bestäuben. Für Kinder die Apfelküchle mit Apfelsaft statt mit Bier zubereiten.

Statt Apfelscheiben gut abgetropfte Ananasscheiben aus der Dose (560 g Abtropfgewicht) verwenden. Oder etwa 5 geschälte, halbierte Bananen, mit Zitronensaft bestrichen, verwenden.

Rosenkrapferl

Zubereitungszeit: 40 Minuten, ohne Kühlzeit | **Ausbackzeit:** 3–4 Minuten
Insgesamt: E: 48 g, F: 85 g, Kh: 236 g, kJ: 8393, kcal: 2009, BE: 19,5

etwa 30 Stück
1 runde Ausstechform (Ø etwa 3 cm)

Für den Knetteig:

225 g	Weizenmehl
½ gestr. TL	Dr. Oetker Backin
1 Prise	Salz
1	Ei (Größe M)
3	Eigelb (Größe M)
75 g	Crème fraîche
1 Pck.	Dr. Oetker Finesse Bourbon-Vanille-Aroma
3 EL	Rum

Zum Bestreichen:

1	Eiweiß

Zum Ausbacken:

etwa 1 ½ l	Speiseöl, z. B. Sonnenblumenöl, oder Ausbackfett

Für die Füllung:

75–100 g	Wild-Preiselbeeren (210 g Einwaage)

Zum Bestäuben:

etwas	Puderzucker

1. Für den Teig Mehl mit Backpulver mischen und in eine Rührschüssel geben. Salz, Ei, Eigelb, Crème fraîche, Aroma und Rum hinzufügen. Die Zutaten mit Handrührgerät mit Rührbesen zunächst kurz auf niedrigster, dann auf höchster Stufe gut durcharbeiten. Anschließend auf einer bemehlten Arbeitsfläche zu einen glatten Teig verkneten. Den Teig in Frischhaltefolie gewickelt etwa 1 Stunde kalt stellen.

2. Den Teig halbieren und jeweils auf der bemehlten Arbeitsfläche etwa 3 mm dick ausrollen. Aus den Teigplatten mit einer runden Ausstechform (Ø etwa 3 cm) jeweils etwa 75 Kreise ausstechen.

3. Zum Bestreichen Eiweiß verschlagen. Jeweils die Oberfläche von 5 Teigkreisen zur Hälfte mit dem verschlagenen Eiweiß bestreichen und so aneinanderlegen, dass eine „Rose" entsteht. Die Teigkreise in der Mitte etwas zusammendrücken.

4. Speiseöl oder Ausbackfett in einem hohen Topf auf etwa 180 °C erhitzen.

5. Die Teigrosen in das Speiseöl oder Ausbackfett geben und von beiden Seiten in 3–4 Minuten goldgelb ausbacken. Rosenkrapferl mit einem Schaumlöffel herausnehmen, auf einem mit Küchenpapier belegten Kuchenrost abtropfen und erkalten lassen.

6. Für die Füllung Preiselbeeren in einem kleinen Topf erhitzen. Jeweils etwa ½ Teelöffel Preiselbeeren in die Mitte der Rosen geben und erkalten lassen.

7. Rosenkrapferl mit Puderzucker bestäubt servieren.

Tipp: Statt Preiselbeeren kann auch rotes Ribiseln-(Johannisbeer-)gelee verwendet werden.

Spagatkrapferl

Zubereitungszeit: 35 Minuten, ohne Kühlzeit | **Ausbackzeit:** etwa 3 Minuten
Insgesamt: E: 44 g, F: 193 g, Kh: 283 g, kJ: 12836, kcal: 3068, BE: 23,5

18 Stück
4–6 Edelstahlsahnerollen (Ø etwa
2 cm, gerade, Länge 14 cm),
Küchengarn

Für den Knetteig:

300 g	Weizenmehl
½ gestr. TL	Dr. Oetker Backin
1 Prise	Salz
½ Pck.	Dr. Oetker Finesse Geriebene Zitronenschale
1	Ei (Größe M)
1	Eigelb (Größe M)
3 EL	Schlagsahne
1 EL	Weißwein
150 g	weiche Butter oder Margarine

Zum Ausbacken:

etwa 1½ l	Speiseöl, z.B. Sonnenblumenöl, oder Ausbackfett

Zum Wälzen:

etwa 60 g	Zucker
½ TL	gemahlener Zimt

1. Für den Teig Mehl mit Backpulver mischen und in eine Rührschüssel geben. Salz, Zitronenschale, Ei, Eigelb, Sahne, Wein und Butter oder Margarine hinzufügen. Die Zutaten mit Handrührgerät mit Rührbesen zunächst kurz auf niedrigster, dann auf höchster Stufe gut durcharbeiten.

2. Anschließend auf einer bemehlten Arbeitsfläche zu einem glatten Teig verkneten. Den Teig in Frischhaltefolie gewickelt etwa 1 Stunde kalt stellen.

3. Den Teig halbieren und jeweils auf der bemehlten Arbeitsfläche zu einem Rechteck (etwa 21 x 30 cm) ausrollen. Aus den Teigrechtecken je 9 Rechtecke (etwa 9 x 10 cm) mit einem gewellten Teigrädchen ausschneiden.

4. Die Teigrechtecke mit der längeren Seite auf die Edelstahlsahnerollen rollen und mit Küchengarn 3–4-mal umwickeln. Die Enden an der Nahtseite zusammenknoten.

5. Speiseöl oder Pflanzenfett in einem hohen Topf auf etwa 180 °C erhitzen. Die umwickelten Edelstahlrollen hineingeben. Die Krapferl in dem siedenden Speiseöl oder Ausbackfett von beiden Seiten in etwa 3 Minuten goldgelb ausbacken.

6. Die Krapferl mit einem großen Schaumlöffel oder einer Küchenzange vorsichtig herausnehmen und auf einem mit Küchenpapier belegten Kuchenrost abtropfen lassen.

7. Das Küchengarn vorsichtig von den Krapferln entfernen (abrollen). Die Edelstahlrollen vorsichtig mit einer Küchenzange aus den Gebäckrollen ziehen (Achtung, die Edelstahlrollen sind sehr heiß). Die Krapferl auf einem Kuchenrost etwas abkühlen lassen.

8. Zum Wälzen Zucker und Zimt in einem tiefen Teller mischen. Die noch heißen Krapferl darin wälzen, auf den Kuchenrost legen und erkalten lassen.

Tipps: Spagatkrapferl können gut vorbereitet werden. Die restliche Schlagsahne (von der Teigzubereitung) mit 1 Päckchen Dr. Oetker Vanillin-Zucker steifschlagen, mit einem Spritzbeutel mit Sterntülle in die Krapfen spritzen und servieren.

Cremeschnitten
mit Blätterteig

Zubereitungszeit: 30 Minuten, ohne Auftau-, Ruhe- und Abkühlzeit
Backzeit: etwa 15 Minuten
Insgesamt: E: 27 g, F: 165 g, Kh: 445 g, kJ: 14419, kcal: 3444, BE: 37,0

1 Backblech (30 x 40 cm),
1 Spritzbeutel mit Sterntülle
(Ø etwa 1 cm)

1 Pck. (300 g)	TK-Blätterteig

Für die Füllung:

300 g	Himbeerkonfitüre
250 g	Schlagsahne
1 Pck.	Dr. Oetker Sahnesteif
1 Pck.	Dr. Oetker Vanillin-Zucker
1 EL	Himbeergeist

Für die Glasur:

50 g	Zartbitter-Kuvertüre
100 g	gesiebter Puderzucker
2 EL	Zitronensaft
2 EL	Wasser

1. Den Backofen vorheizen. Blätterteigplatten nach Packungsanleitung auftauen lassen. Die Platten jeweils quer halbieren und auf ein Backblech (mit kaltem Wasser abgespült) legen. Blätterteigplatten etwa 15 Minuten ruhen lassen.

2. Das Backblech in den vorgeheizten Backofen schieben.

Ober-/Unterhitze: etwa 200 °C
Heißluft: etwa 180 °C
Backzeit: etwa 15 Minuten.

3. Blätterteiggebäck sofort vom Backblech lösen und auf einem Kuchenrost erkalten lassen. Die Gebäckplatten jeweils waagerecht vorsichtig mit Hilfe eines Sägemessers durchschneiden.

4. Für die Füllung Himbeerkonfitüre auf den unteren Gebäckteilen verteilen. Sahne mit Sahnesteif und Vanillin-Zucker steifschlagen, Himbeergeist unterschlagen. Die Sahne in einen Spritzbeutel mit Sterntülle geben und auf die Konfitüre spritzen.

5. Für die Glasur Kuvertüre in kleine Stücke schneiden, in einem kleinen Topf im heißen Wasserbad bei schwacher Hitze unter Rühren schmelzen.

6. Puderzucker mit Zitronensaft und Wasser zu einer streichfähigen Masse verrühren. Die oberen Gebäckteile damit bestreichen.

7. Die Kuvertüre in ein Pergamentpapiertütchen geben und eine kleine Spitze abschneiden. Die Kuvertüre in Streifen auf den gerade fest werdenden weißen Guss spritzen. Die Glasur sofort mit einem Holzstäbchen verziehen.

8. Die glasierten und verzierten Gebäckteile auf die Himbeer-Sahne-Füllung legen.

Tipp: Cremeschnitten am Tag der Zubereitung verzehren.

Gerollte Hefe-Buchteln

Zubereitungszeit: 30 Minuten, ohne Teiggehzeit | **Backzeit:** etwa 30 Minuten
Insgesamt: E: 62 g, F: 170 g, Kh: 482 g, kJ: 15755, kcal: 3766, BE: 40,0

etwa 16 Stück
2 feuerfeste Formen (je 25 x 18 cm)

Für den Hefeteig:

400 g	Weizenmehl
1 Pck.	Dr. Oetker Trockenbackhefe
200 ml	lauwarme Milch
50 g	Zucker
1 Pck.	Dr. Oetker Vanillin-Zucker
	Salz
	abgeriebene Schale von
1	Bio-Orange oder -Zitrone (unbehandelt, ungewachst)
3	Eigelb (Größe M)
100 g	zerlassene, abgekühlte Butter oder Margarine
etwas	Weizenmehl

Zum Bestreichen:

etwa 175 g	Powidl (Pflaumenmus) oder Marillen-(Aprikosen-)konfitüre oder Preiselbeeren
100 g	zerlassene Butter

Zum Bestäuben:

	Puderzucker

1. Für den Teig Mehl in eine Rührschüssel geben und mit der Trockenbackhefe sorgfältig vermischen. Milch, Zucker, Vanillin-Zucker, Salz, Orangen- oder Zitronen-schale, Eigelb und Butter oder Margarine hinzufügen. Die Zutaten mit Handrühr-gerät mit Knethaken zunächst kurz auf niedrigster, dann auf höchster Stufe in etwa 5 Minuten zu einem glatten Teig verarbeiten. Den Teig mit Mehl bestäuben und zugedeckt so lange an einem warmen Ort gehen lassen, bis er sich sichtbar vergrößert hat (etwa 30 Minuten).

2. Den gegangenen Teig leicht mit Mehl bestäuben, aus der Schüssel nehmen, auf einer leicht bemehlten Arbeitsfläche nochmals kurz durchkneten und knapp 1 cm dick ausrollen. Aus dem Teigstück etwa 6 x 8 cm große Rechtecke schneiden und mit je 1 Teelöffel Konfitüre oder Powidl oder Preiselbeeren bestreichen.

3. Die Teigrechtecke von der längeren Seite her aufrollen, in zerlassener Butter wenden und in zwei feuerfeste Formen legen, dabei zwischen den einzelnen Teigrollen kleine Abstände lassen. Den Backofen vorheizen.

4. Die Teigrollen nochmals zugedeckt so lange an einem warmen Ort gehen lassen, bis sie sich sichtbar vergrößert haben (etwa 20 Minuten).

5. Die Formen auf dem Rost in den vorgeheizten Backofen schieben.

Ober-/Unterhitze: etwa 160 °C
Heißluft: etwa 140 °C
Backzeit: etwa 30 Minuten.

6. Die Formen auf einen Kuchenrost stellen. Die Buchteln warm oder kalt servieren. Vor dem Servieren mit Puderzucker bestäuben.

Tipp: Zu den Hefe-Buchteln schmeckt sehr gut eine Vanillesauce.

Schlosserbuben

Zubereitungszeit: 35 Minuten, ohne Abkühlzeit **| Ausbackzeit:** 2–3 Minuten
Insgesamt: E: 41 g, F: 98 g, Kh: 268 g, kJ: 9323, kcal: 2227, BE: 22,5

20–25 Stück

Zum Tränken:

125 ml	
(⅛ l)	Weißwein
½ Pck.	Dr. Oetker Finesse Geriebene Zitronen-schale
	Mark von
½	Vanilleschote
1 EL	flüssiger Honig
200 g	Soft-Pflaumen, getrocknet, entsteint

Für die Füllung:

etwa 15	abgezogene, ganze Mandeln
50 g	Marzipan-Rohmasse

Für den Ausbackteig:

2	Eigelb (Größe M)
1 TL	Zucker
100 ml	Weißwein
2	Eiweiß (Größe M)
1 Prise	Salz
125 g	Weizenmehl

Zum Ausbacken:

etwa 1½ l	Speiseöl, z. B. Sonnenblumenöl, oder Ausbackfett

Zum Wälzen und Bestäuben:

50 g	geraspelte Zartbitter-Schokolade
etwa 30 g	Puderzucker

1. Zum Tränken Weißwein mit Zitronenschale, Vanillemark und Honig in einem Topf zum Kochen bringen. Pflaumen hinzugeben und bei schwacher Hitze etwa 5 Minuten kochen lassen. Den Topf von der Kochstelle nehmen. Die Pflaumen in dem Weinsud erkalten lassen. Pflaumen in einem Sieb abtropfen lassen.

2. Für die Füllung in die Hälfte der Pflaumen je eine Mandel stecken und wieder zusammendrücken. Marzipan in so viele Würfel schneiden, wie restliche Pflaumen vorhanden sind. Die restlichen Pflaumen mit je einem Marzipanwürfel füllen und ebenfalls zusammendrücken.

3. Für den Teig Eigelb mit Zucker und Weißwein in einer Rührschüssel mit Handrührgerät mit Rührbesen auf höchster Stufe in etwa 1 Minute schaumig schlagen. Eiweiß mit Salz steifschlagen und auf die Eigelbcreme geben. Mehl hinzufügen und vorsichtig auf niedrigster Stufe unterrühren.

4. Speiseöl oder Ausbackfett in einem großen Topf auf etwa 180 °C erhitzen.

5. Die gefüllten Pflaumen mit Hilfe von 2 Gabeln in den Ausbackteig tauchen, etwas abtropfen lassen und in dem siedenden Speiseöl oder Ausbackfett von beiden Seiten in 2–3 Minuten goldgelb ausbacken.

6. Die Pflaumen mit einem Schaumlöffel herausnehmen und auf einem mit Küchenpapier belegten Kuchenrost abtropfen lassen.

7. Die Pflaumen mit geraspelter Schokolade bestreuen und dann mit Puder-zucker bestäuben. Pflaumen sofort servieren.

Tipp: Anstelle von Puderzucker kann auch feinster Zucker, mit geriebener Schokolade gemischt, verwendet werden.

Wäschermädel

Zubereitungszeit: 40 Minuten **| Ausbackzeit:** 4–5 Minuten
Insgesamt: E: 31 g, F: 82 g, Kh: 162 g, kJ: 6683, kcal: 1595, BE: 13,5

8–10 Stück

500 g	frische Marillen (Aprikosen)

Für die Füllung:

60 g	Marzipan-Rohmasse
1 EL	Marillengeist oder Weinbrand

Für den Ausbackteig:

2	Eigelb (Größe M)
1 TL	Zucker
100 ml	Weißwein
2	Eiweiß (Größe M)
1 Prise	Salz
125 g	Weizenmehl

Zum Ausbacken:

etwa 1 1/2 l	Speiseöl, z.B. Sonnenblumenöl, oder Ausbackfett

Zum Wälzen:

etwa 30 g	Zucker
1 Pck.	Dr. Oetker Bourbon-Vanille-Zucker

1. Von den Marillen (Aprikosen) die Haut mit einem scharfen Messer einmal kreuzweise einritzen. Aprikosen 1–2 Minuten in kochendes Wasser legen, herausnehmen und in kaltem Wasser abschrecken. Die Haut abziehen. Aprikosen aufschneiden (nicht durchschneiden) und jeweils den Kern herausnehmen.

2. Für die Füllung Marzipan mit Marillengeist oder Weinbrand verkneten und in Stücke schneiden. Marzipan in so viel Stücke schneiden, wie Aprikosen vorhanden sind. Marzipanstücke zu Kugeln formen.

3. Marzipankugeln in die Mitte der Aprikosen geben, Aprikosen zusammendrücken.

4. Für den Teig Eigelb mit Zucker und Weißwein in einer Rührschüssel mit Handrührgerät mit Rührbesen auf höchster Stufe in etwa 1 Minute schaumig schlagen. Eiweiß mit Salz steifschlagen und auf die Eigelbcreme geben. Mehl hinzufügen und vorsichtig auf niedrigster Stufe unterrühren.

5. Zum Ausbacken Speiseöl oder Ausbackfett in einem großen Topf auf etwa 180 °C erhitzen.

6. Die gefüllten Aprikosen mit Hilfe einer Gabel durch den Ausbackteig ziehen, etwas abtropfen lassen und in dem siedenden Speiseöl oder Ausbackfett von beiden Seiten in 4–5 Minuten goldgelb ausbacken.

7. Die Aprikosen mit einem Schaumlöffel herausnehmen und auf einem mit Küchenpapier belegten Kuchenrost abtropfen lassen.

8. Zum Wälzen Zucker und Vanille-Zucker in einem tiefen Teller mischen. Die noch heißen Aprikosen darin wälzen und sofort servieren.

Tipp: Vanillesauce auf Tellern verteilen. Jeweils 1 Teelöffel Kirschsirup daraufträufeln und mit einem Löffelstiel verzieren. Wäscherlmädel darauf anrichten.

Ischler Törtchen

Zubereitungzeit: 40 Minuten, ohne Kühlzeit
Backzeit: etwa 10 Minuten je Backblech
Insgesamt: E: 48 g, F: 187 g, Kh: 309 g, kJ: 13106, kcal: 3131, BE: 25,5

etwa 50 Stück
2 Backbleche (je 30 x 40 cm),
Backpapier, 1 Ausstechform mit
Wellenrand (Ø etwa 6 cm),
1 Ausstechform (Ø etwa 1½ cm)
oder 1 große Lochtülle

Für den Knetteig:

200 g	Weizenmehl
50 g	gesiebter Puderzucker
1 Pck.	Dr. Oetker Vanillin-Zucker
1	Ei (Größe M)
1 Msp.	gemahlener Zimt
	abgeriebene Schale von
½	Bio-Zitrone (unbe-handelt, ungewachst)
150 g	weiche Butter oder Margarine
100 g	abgezogene, gemahlene Mandeln

Zum Bestäuben:
etwa 25 g   Puderzucker

Zum Bestreichen:
etwa 100 g Himbeerkonfitüre

1. Für den Teig Mehl in eine Rührschüssel geben. Puderzucker, Vanillin-Zucker, Ei, Zimt, Zitronenschale, Butter oder Margarine und Mandeln hinzufügen. Die Zutaten mit Handrührgerät mit Rührbesen zunächst kurz auf niedrigster, dann auf höchster Stufe gut durcharbeiten. Anschließend auf einer bemehlten Arbeitsfläche zu einem glatten Teig verkneten. Den Teig in Frischhaltefolie gewickelt etwa 1 Stunde kalt stellen.

2. Den Backofen vorheizen. Den Teig auf der bemehlten Arbeitsfläche 2–3 mm dick ausrollen. Mit einer runden Ausstechform mit Wellenrand (Ø etwa 6 cm) Plätzchen ausstechen. Bei der Hälfte der Plätzchen mit einer Ausstechform (Ø etwa 1½ cm) oder einer großen Lochtülle die Mitte ausstechen, so dass Ringe entstehen.

3. Teigplätzchen und -ringe auf Backbleche (mit Backpapier belegt) legen. Die Backbleche nacheinander (bei Heißluft zusammen) in den vorgeheizten Backofen schieben.

Ober-/Unterhitze: 180–200 °C
Heißluft: 160–180 °C
Backzeit: etwa 10 Minuten je Backblech.

4. Die Plätzchen und Ringe mit dem Backpapier von den Backblechen auf Kuchenroste ziehen. Die Plätzchenringe sofort mit Puderzucker bestäuben. Plätzchen und Plätzchenringe erkalten lassen.

5. Die Plätzchen auf der unteren Seite mit Konfitüre bestreichen. Die Plätzchenringe darauflegen und leicht andrücken.

Tipp: Statt Himbeerkonfitüre Himbeergelee verwenden.

Mohnbeugerl

Zubereitungszeit: 45 Minuten, ohne Teiggehzeit | **Backzeit:** etwa 15 Minuten
Insgesamt: E: 68 g, F: 91 g, Kh: 340 g, kJ: 10353, kcal: 2473, BE: 28,5

etwa 20 Stück
1 Backblech (30 x 40 cm), Backpapier

Für den Hefeteig:

250 g	Weizenmehl
1 Pck.	Dr. Oetker Trockenbackhefe
1 Prise	Salz
40 g	Zucker
1 Pck.	Dr. Oetker Vanillin-Zucker
1	Ei (Größe M)
1	Eigelb (Größe M)
100 g	Schmand (Sauerrahm, 24 % Fett)

Für die Füllung:

100 g	gemahlener Mohn
75 ml	Milch
50 g	Zucker
1 Pck.	Dr. Oetker Bourbon-Vanille-Zucker
½ Pck.	Dr. Oetker Finesse Geriebene Zitronen-schale
1 EL	flüssiger Honig
40 g	Rosinen

Zum Bestreichen:

1	Eigelb
1 EL	Milch

1. Für den Teig Mehl in eine Rührschüssel geben und mit Trockenbackhefe sorgfältig vermischen. Salz, Zucker, Vanillin-Zucker, Ei, Eigelb und Schmand hinzufügen. Die Zutaten mit Handrührgerät mit Knethaken zunächst kurz auf niedrigster, dann auf höchster Stufe in etwa 5 Minuten zu einem glatten Teig verarbeiten. Den Teig zugedeckt so lange an einem warmen Ort gehen lassen, bis er sich sichtbar vergrößert hat (etwa 30 Minuten).

2. Für die Füllung Mohn in eine Schüssel geben. Milch mit Zucker in einem Topf unter Rühren zum Kochen bringen, zu dem Mohn in die Schüssel geben und gut verrühren. Vanille-Zucker, Zitronenschale, Honig und Rosinen unterrühren. Die Mohnmasse erkalten lassen.

3. Den Teig halbieren und daraus jeweils eine etwa 40 cm lange Rolle formen. Von den Teigrollen etwa 4 cm lange Stücke abschneiden. Aus den Teigstücken kleine Kugeln formen und mit einer Teigrolle zu kleinen ovalen Teigplatten (etwa 7 x 11 cm) ausrollen. Jeweils 1 Teelöffel der Mohnmasse in die Mitte der Teigplatten geben und etwas verstreichen. Teigplatten von der längeren Seite her aufrollen und zu Kipferln formen. Kipferln mit der Naht nach unten auf ein Backblech (mit Backpapier belegt) legen.

4. Zum Bestreichen Eigelb mit Milch verschlagen. Die Teigkipferln damit bestreichen. Den Backofen vorheizen.

5. Teigkipferln nochmals zugedeckt so lange an einem warmen Ort gehen lassen, bis sie sich sichtbar vergrößert haben (etwa 20 Minuten). Das Backblech in den vorgeheizten Backofen schieben.

Ober-/Unterhitze: etwa 200 °C
Heißluft: etwa 180 °C
Backzeit: etwa 15 Minuten.

6. Die Mohnbeugerl (Kipferln) mit dem Backpapier vom Backblech auf einen Kuchenrost ziehen. Mohnbeugerl erkalten lassen.

Tipp: Die Beugerl schmecken auch gut mit einer Nussfüllung. Dafür 100 g gemahlene Haselnusskerne, 30 g Zucker, 1 Päckchen Dr. Oetker Bourbon-Vanille-Zucker, 2 Esslöffel Marillen-(Aprikosen-)konfitüre, 50 ml Milch und 50 g Rosinen gut verrühren und wie im Rezept beschrieben als Füllung verwenden.

Husarenkrapferl

Zubereitungszeit: 40 Minuten, ohne Kühlzeit
Backzeit: etwa 15 Minuten je Backblech
Insgesamt: E: 57 g, F: 187 g, Kh: 404 g, kJ: 14858, kcal: 3551, BE: 33,5

etwa 140 Stück
3 Backbleche (je 30 x 40 cm),
Backpapier

Für den Knetteig:

250 g	Weizenmehl
1 gestr. TL	Dr. Oetker Backin
100 g	Zucker
1 Pck.	Dr. Oetker Vanillin-Zucker
1 Prise	Salz
3	Eigelb (Größe M)
150 g	Butter oder Margarine
2	Eiweiß (Größe M)
75 g	abgezogene, gehackte Mandeln
etwa 6 EL	rotes Gelee, z. B. Ribisel-(Johannisbeer-) oder Himbeergelee
1 EL	Wasser

1. Für den Teig Mehl mit Backpulver mischen und in eine Rührschüssel geben. Zucker, Vanillin-Zucker, Salz, Eigelb und Butter oder Margarine hinzufügen. Die Zutaten mit Handrührgerät mit Rührbesen zunächst kurz auf niedrigster, dann auf höchster Stufe gut durcharbeiten.

2. Anschließend auf einer bemehlten Arbeitsfläche zu einem glatten Teig verkneten. Den Teig in Frischhaltefolie gewickelt etwa 30 Minuten kalt stellen. Den Backofen vorheizen.

3. Aus dem Teig 7 Rollen (etwa 40 cm lang) formen. Teigrollen jeweils in etwa 2 cm breite Stücke schneiden. Teigstücke zu Kugeln formen.

4. Eiweiß mit einer Gabel verschlagen. Jede Kugel zuerst auf einer Seite in das Eiweiß tauchen, dann in die Mandeln drücken. Die Kugeln mit der nicht bemandelten Teigseite auf Backbleche (mit Backpapier belegt) legen und mit einem Rührlöffelstiel von oben in jede Kugel eine Vertiefung drücken. Die Backbleche nacheinander (bei Heißluft zusammen) in den vorgeheizten Backofen schieben.

Ober-/Unterhitze: etwa 180 °C
Heißluft: etwa 160 °C
Backzeit: etwa 15 Minuten je Backblech.

5. Die Husarenkrapferl mit dem Backpapier von den Backblechen auf Kuchenroste ziehen. Husarenkrapferl erkalten lassen.

6. Gelee mit Wasser in einem kleinen Topf unter Rühren aufkochen. Gelee mit Hilfe eines Teelöffels in die Vertiefungen füllen und erkalten lassen.

Tipps: Sie können die Husarenkrapferl aber auch mit gelber Konfitüre, z. B. Marillen-(Aprikosen-)konfitüre, die vorher durch ein Sieb gestrichen wurde, füllen. Sollte das Gelee zu fest werden, einfach nochmals erwärmen.

Husarenkrapferl statt in Mandeln in gehackte Pinienkerne drücken. Die Konfitüre am besten durch ein Sieb streichen und mit 1 Esslöffel Wasser aufkochen.

Nusskipferln

etwa 80 Stück
2–3 Backbleche (je 30 x 40 cm),
Backpapier

Für den Knetteig:

300 g	Weizenmehl
100 g	gesiebter Puderzucker
1 Pck.	Dr. Oetker Vanillin-Zucker
1 Prise	Salz
1	Ei (Größe M)
100 g	gemahlene, leicht geröstete Haselnusskerne
200 g	Butter oder Margarine

Zum Bestäuben:

50 g	gesiebter Puderzucker
1 Pck.	Dr. Oetker Vanillin-Zucker

Zubereitungszeit: 50 Minuten, ohne Kühlzeit
Backzeit: etwa 10 Minuten je Backblech
Insgesamt: E: 50 g, F: 237 g, Kh: 403 g, kJ: 16595, kcal: 3966, BE: 33,5

1. Für den Teig Mehl in eine Rührschüssel geben. Puderzucker, Vanillin-Zucker, Salz, Ei, Haselnusskerne und Butter oder Margarine hinzufügen. Die Zutaten mit Handrührgerät mit Rührbesen zunächst kurz auf niedrigster, dann auf höchster Stufe gut durcharbeiten.

2. Anschließend auf einer bemehlten Arbeitsfläche zu einem glatten Teig verkneten. Sollte er kleben, ihn in Frischhaltefolie gewickelt eine Zeit lang kalt stellen. Den Backofen vorheizen.

3. Aus dem Teig auf der leicht bemehlten Arbeitsfläche etwa bleistiftdicke Rollen formen und etwa 5 cm lange Stücke davon abschneiden. Dabei die Enden etwas dünner rollen. Die Teigröllchen leicht gebogen (hörnchenförmig) auf Backbleche (mit Backpapier belegt) legen. Die Backbleche nacheinander (bei Heißluft zusammen) in den vorgeheizten Backofen schieben.

Ober-/Unterhitze: 180–200 °C
Heißluft: 160–180 °C
Backzeit: etwa 10 Minuten je Backblech.

4. Die Kipferln mit dem Backpapier von den Backblechen auf Kuchenroste ziehen.

5. Zum Bestäuben Puderzucker mit Vanillin-Zucker mischen. Die heißen Kipferln damit bestäuben und erkalten lassen.

Tipp: Statt der gemahlenen Haselnusskerne kann man die gleiche Menge gemahlene, leicht geröstete Mandeln oder Pinienkerne verwenden. Mit Pinienkernen heißen die Kipferln dann Pinolikipferln.

Wiener Herzen

Zubereitungszeit: 40 Minuten, ohne Kühlzeit
Backzeit: 8–10 Minuten je Backblech
Insgesamt: E: 39 g, F: 182 g, Kh: 449 g, kJ: 15261, kcal: 3647, BE: 37,5

etwa 80 Stück
2 Backbleche (je 30 x 40 cm),
Backpapier, 1 Herz-Ausstechform
(Ø etwa 5 cm)

Für den Knetteig:

300 g	Weizenmehl
100 g	gesiebter Puderzucker
2 Pck.	Dr. Oetker Vanillin-Zucker
2	Eigelb (Größe M)
etwas	Salz
1	abgeriebene Schale von Bio-Zitrone (unbehandelt, ungewachst)
200 g	kalte Butter

Zum Bestreichen:

3 EL	Marillen-(Aprikosen-)konfitüre

Für den Guss:

2 EL	Marillen-(Aprikosen-)konfitüre
1 EL	Orangenlikör

1. Für den Teig Mehl in eine Rührschüssel geben. Puderzucker, Vanillin-Zucker, Eigelb, Salz, Zitronenschale und Butter hinzufügen. Die Zutaten mit Handrührgerät mit Rührbesen zunächst kurz auf niedrigster, dann auf höchster Stufe gut durcharbeiten.

2. Anschließend auf einer bemehlten Arbeitsfläche zu einem glatten Teig verkneten. Sollte er kleben, ihn in Frischhaltefolie gewickelt eine Zeit lang kalt stellen. Den Backofen vorheizen.

3. Den Teig auf der bemehlten Arbeitsfläche portionsweise dünn ausrollen und mit einer Ausstechform Herzen ausstechen.

4. Teigherzen auf Backbleche (mit Backpapier belegt) legen. Die Backbleche nacheinander (bei Heißluft zusammen) in den vorgeheizten Backofen schieben.

Ober-/Unterhitze: 180–200 °C
Heißluft: 160–180 °C
Backzeit: 8–10 Minuten je Backblech.

5. Die Gebäckherzen mit dem Backpapier von den Backblechen auf Kuchenroste ziehen. Gebäckherzen erkalten lassen.

6. Die Hälfte der Gebäckherzen auf der Unterseite mit Konfitüre bestreichen. Jeweils ein weiteres Gebäckherz mit der Unterseite daraufsetzen.

7. Für den Guss Konfitüre durch ein Sieb streichen, mit Likör in einem kleinen Topf verrühren und kurz aufkochen lassen. Die Gebäckherzen damit bestreichen. Guss trocknen lassen.

Tipp: Die Gebäckherzen mit einem Puderzuckerguss verzieren. Dafür 50 g Puderzucker mit 1 Teelöffel Rum oder Zitronensaft zu einem dicken Guss verrühren. Die Gebäckherzen damit besprenkeln oder bespritzen.

Vanillekipferln

Zubereitungszeit: 50 Minuten, ohne Kühlzeit
Backzeit: etwa 10 Minuten je Backblech
Insgesamt: E: 60 g, F: 255 g, Kh: 386 g, kJ: 17148, kcal: 4097, BE: 32,0

etwa 90 Stück
2–3 Backbleche (je 30 x 40 cm),
Backpapier

Für den Knetteig:

250 g	Weizenmehl
1 Msp.	Dr. Oetker Backin
125 g	Zucker
1 Pck.	Dr. Oetker Vanillin-Zucker
3	Eigelb (Größe M)
200 g	Butter oder Margarine
125 g	abgezogene, gemahlene Mandeln

Zum Wälzen:

etwa 50 g	gesiebter Puderzucker
1 Pck.	Dr. Oetker Vanillin-Zucker

1. Für den Teig Mehl mit Backpulver mischen und in eine Rührschüssel geben. Zucker, Vanillin-Zucker, Eigelb, Butter oder Margarine und Mandeln hinzufügen. Die Zutaten mit Handrührgerät mit Rührbesen zunächst kurz auf niedrigster, dann auf höchster Stufe gut durcharbeiten.

2. Anschließend auf einer leicht bemehlten Arbeitsfläche zu einem glatten Teig verkneten. Sollte er kleben, ihn in Frischhaltefolie gewickelt eine Zeit lang kalt stellen. Den Backofen vorheizen.

3. Aus dem Teig auf der leicht bemehlten Arbeitsfläche etwa bleistiftdicke Rollen formen und etwa 5 cm lange Stücke davon abschneiden. Dabei die Enden etwas dünner rollen. Die Teigröllchen leicht gebogen (hörnchenförmig) auf Backbleche (mit Backpapier belegt) legen. Die Backbleche nacheinander (bei Heißluft zusammen) in den vorgeheizten Backofen schieben.

Ober-/Unterhitze: 180–200 °C
Heißluft: 160–180 °C
Backzeit: etwa 10 Minuten je Backblech.

4. Die Kipferln mit dem Backpapier von den Backblechen auf Kuchenroste ziehen.

5. Zum Wälzen Puderzucker mit Vanillin-Zucker in einem Teller mischen. Die heißen Kipferln darin wälzen oder die Kipferln mit der Puderzuckermischung bestäuben. Vanillekipferln auf Kuchenrosten erkalten lassen.

Tipps: Die Vanillekipferln vor dem Backen mit abgezogenen Mandelblättchen belegen. Die Vanillekipferln halten sich gut verpackt 3–4 Wochen.
Wenn der Teig bei der Zubereitung zu weich wird, ihn zwischendurch kalt stellen.

Busserl

etwa 50 Stück
2 Backbleche (je 30 x 40 cm)

Zum Vorbereiten:
150 g   gemahlene
               Haselnusskerne

Für das Baiser:
3   Eiweiß (Größe M)
120 g   gesiebter Puderzucker
1 Pck.   Dr. Oetker Bourbon-
               Vanille-Zucker
100 g   geriebene Zartbitter-
               Schokolade

Für den Belag:
25–50   Haselnusskerne

Zubereitungszeit: 30 Minuten | **Backzeit:** 25–30 Minuten je Backblech
Insgesamt: E: 41 g, F: 148 g, Kh: 191 g, kJ: 9428, kcal: 2252, BE: 0,5

1. Zum Vorbereiten Haselnusskerne in einer Pfanne ohne Fett leicht bräunen lassen, herausnehmen und auf einem Teller erkalten lassen. Den Backofen vorheizen.

2. Für das Baiser Eiweiß mit Handrührgerät mit Rührbesen auf höchster Stufe steifschlagen. Der Schnee muss so fest sein, dass ein Messerschnitt sichtbar bleibt. Nach und nach kurz Puderzucker und Vanille-Zucker unterschlagen. Haselnusskerne und Schokolade vorsichtig unterheben.

3. Den Teig mit 2 Teelöffeln in walnussgroßen Häufchen auf Backbleche (mit Backpapier belegt) setzen. Dabei genügend Abstand zwischen den Teighäufchen lassen. Die Teighäufchen nach Belieben mit Haselnusskernen belegen oder nur die Hälfte der Teighäufchen damit belegen.

4. Die Backbleche nacheinander (bei Heißluft zusammen) in den vorgeheizten Backofen schieben.

Ober-/Unterhitze: etwa 140 °C
Heißluft: etwa 120 °C
Backzeit: 25–30 Minuten je Backblech.

5. Die Busserl mit dem Backpapier von den Backblechen auf Kuchenroste ziehen. Busserl erkalten lassen.

Tipp: Die Busserl nach Belieben mit aufgelöster Zartbitter-Schokolade besprenkeln. Die Teighäufchen auf Backoblaten (Ø etwa 5 cm) setzen und backen.

Kapitelregister

Torten

Dobostorte 7

Gebackene Topfentorte 9

Malakow-Torte 11

Linzer Torte 13

Pischinger Torte 15

Prinz-Eugen-Torte 17

Punschtorte 19

Kuchen

Wiener Apfelstrudel 21

Biskuitrolle mit Kastaniencreme 23

Strudel mit Birnen und Preiselbeeren 25

Milchrahmstrudel 27

Ribiselschnitten mit Baiser 29

Tiroler Kranzkuchen 31

Wiener Mohnstrudel 33

Kleingebäck

Apfelküchle 35

Rosenkrapferl 37

Spagatkrapferl 39

Cremeschnitten mit Blätterteig 41

Gerollte Hefe-Buchteln 43

Schlosserbuben 45

Wäschermädel 47

Ischler Törtchen 49

Mohnbeugerl 51

Plätzchen

Husarenkrapferl 53

Nusskipferln 55

Wiener Herzen 57

Vanillekipferln 59

Busserl 61

Abkürzungen

EL	=	Esslöffel
TL	=	Teelöffel
Msp.	=	Messerspitze
Pck.	=	Packung/Päckchen
g	=	Gramm
kg	=	Kilogramm
ml	=	Milliliter
l	=	Liter
evtl.	=	eventuell
geh.	=	gehäuft
gestr.	=	gestrichen

TK	=	Tiefkühlprodukt
°C	=	Grad Celsius
Ø	=	Durchmesser

Kalorien-/Nährwertangaben

E	=	Eiweiß
F	=	Fett
Kh	=	Kohlenhydrate
kcal	=	Kilokalorien
kJ	=	Kilojoule
BE	=	Broteinheiten

Alphabetisches Register

A/B

Apfelküchle 35
Apfelstrudel, Wiener 21
Biskuitrolle mit Kastaniencreme 23
Busserl 61

C/D

Cremeschnitten mit Blätterteig 41
Dobostorte 7

G/H/I

Gebackene Topfentorte 9
Gerollte Hefe-Buchteln 43
Hefe-Buchteln, gerollte 43
Herzen, Wiener 57
Husarenkrapferl 53
Ischler Törtchen 49

K/L/M

Kranzkuchen, Tiroler 31
Linzer Torte 13
Malakow-Torte 11
Milchrahmstrudel 27
Mohnbeugerl 51
Mohnstrudel, Wiener 33

N/P

Nusskipferln 55
Pischinger Torte 15
Prinz-Eugen-Torte 17
Punschtorte 19

R/S

Ribiselschnitten mit Baiser 29
Rosenkrapferl 37
Sachertorte (Titelrezept)
Schlosserbuben 45
Spagatkrapferl 39
Strudel mit Birnen und Preiselbeeren 25

T/V

Tiroler Kranzkuchen 31
Topfentorte, gebackene 9
Törtchen, Ischler 49
Vanillekipferln 59

W

Wäschermädel 47
Wiener Apfelstrudel 21
Wiener Herzen 57
Wiener Mohnstrudel 33

Hinweise zu den Rezepten

Lesen Sie bitte vor der Zubereitung – besser noch vor dem Einkaufen – das Rezept einmal vollständig durch. Oft werden Arbeitsabläufe oder -zusammenhänge dann klarer.

Zutatenliste

Die Zutaten sind in der Reihenfolge ihrer Verarbeitung aufgeführt.

Arbeitsschritte

Die Arbeitsschritte sind einzeln hervorgehoben, in der Reihenfolge, in der wir sie ausprobiert haben.

Backofeneinstellung

Die in den Rezepten angegebenen Backtemperaturen und -zeiten sind Richtwerte, die je nach individueller Hitzeleistung des Backofens über- oder unterschritten werden können. Bitte beachten Sie deshalb bei der Einstellung des Backofens die Gebrauchsanweisung des Herstellers und machen Sie nach Beendigung der angegebenen Backzeit eine Garprobe.

Zubereitungszeiten

Die Zubereitungszeit beinhaltet nur die Zeit für die eigentliche Zubereitung, die Backzeiten sind gesondert ausgewiesen. Längere Wartezeiten, z. B. Kühlzeiten, sind ebenfalls nicht mit einbezogen.

Für Fragen, Vorschläge oder Anregungen steht Ihnen der
Verbraucherservice der Dr. Oetker Versuchsküche
Telefon: 00800 71727374 Mo.–Fr. 8:00–18:00 Uhr, Sa. 9:00–15:00 Uhr
(gebührenfrei in Deutschland)
oder die Mitarbeiter des Dr. Oetker Verlages
Telefon: +49 (0) 521 520650 Mo.–Fr. 9:00–15:00 Uhr zur Verfügung.

Oder schreiben Sie uns:
Dr. Oetker Verlag KG, Am Bach 11, 33602 Bielefeld oder besuchen Sie uns im
Internet unter www.oetker-verlag.de oder www.oetker.de.

Umwelthinweis

Dieses Buch und der Einband wurden auf chlorfrei gebleichtem Papier
gedruckt. Die Einschrumpffolie – zum Schutz vor Verschmutzung – ist aus
umweltfreundlichem und recyclingfähigem PE-Material.

Copyright

© 2008 by Dr. Oetker Verlag KG, Bielefeld

Redaktion

Carola Reich, Annette Riesenberg

Lektorat

no:vum, Susanne Noll, Leinfelden-Echterdingen

Titelfoto
Innenfotos

Thomas Diercks, Hamburg
Walter Cimbal, Hamburg (S. 4, 6, 10, 20–28, 34–40, 44–50, 58, 60)
Fotostudio Diercks, Hamburg (S. 8, 12, 16, 30, 32, 42, 52–56)
Ulrich Kopp, Sindelfingen (S. 14)
Brigitte Wegner, Bielefeld (S. 18)

Foodstyling

Hermann Rottmann, Hamburg

**Rezeptentwicklung und
-beratung**

Eike Upmeier-Lorenz, Hamburg
Hermann Rottmann, Hamburg

Nährwertberechnungen

Nutri Service, Hennef

Grafisches Konzept
Gestaltung
Titelgestaltung

kontur:design, Bielefeld
M·D·H Haselhorst, Bielefeld
kontur:design, Bielefeld

Reproduktionen
Satz
Druck und Bindung

Meyle + Müller GmbH & Co KG, Pforzheim
JUNFERMANN Druck & Service, Paderborn
Firmengruppe APPL, aprinta druck, Wemding

ISBN 978-3-7670-0930-1